Alexander Köhrer

Seelsorgegedichte

Alexander Köhrer

Seelsorgegedichte

Des Himmels Hang aber ist Neigung

Fromm Verlag

Imprint

Cover image: www.ingimage.com

Publisher:
Fromm Verlag
is a trademark of
International Book Market Service Ltd., member of OmniScriptum Publishing Group
17 Meldrum Street, Beau Bassin 71504, Mauritius

Printed at: see last page
ISBN: 978-620-2-44197-1

Alexander Köhrer

Des Himmels Hang aber ist Neigung

Seelsorge
gedichte

meiner Susanne

... nun Traurigkeit

Joh 16,22

Als Werner H. am Abend bevor er wie
jeden Tag morgens das
Frühstück richtete seiner
Frau die Strümpfe reichte und
wegen der Schmerzen ihr in den
Pulli half wobei
sein Blick wie immer verstohlen zur
Werkstatt glitt dennoch
die Frage hörte ob es denn
heute keine Eier gebe aber freilich er
müsse dafür nur noch geschwind zum Handelshof bestimmt
nicht mit dem Auto natürlich wie denn
sonst und dann zurückgekehrt erst
zur Werkstatt ging mit dem strengen Wort
des Freundes im Ohr ob es nicht
an der Zeit sei ans Betreute Wohnen
zu denken was er mit seinem bekannten scheinbar
unverwundbaren Lächeln abtat nicht aber
in seinem Herzen darüber spreche
er nicht und abends dann starb er schlief
wirklich nur ein was der Pfarrer in seiner
Predigt betonte dabei mit den Worten tastete ob Werner H.
vom Unsichtbaren nicht zur rechten Zeit

berührt worden sei und die Frau sagte

Nein das glaube ich nicht

Wird Trauer erst beginnen

In der Nacht da
der Tod ihn holte entschied ich
mich falsch gedrängt
zu legen ihn zur Stätte Meiner Heimat

Seither irr ich umher zerrissen
bin ich hier nicht dort

Die Nähe ist aber eine Not

Brennend verkauf ich unsern Palast
der schmerzt um bei
dir zu sein wird

Trauer erst beginnen

Die Trauer ist ein Wolf

Der Wolf ist los umschleicht
das Haus schnürt immerzu und
redet ohne Kreide

mir wird´s zu eng ich lass ihn
rein wo ich mich verstecke du kriegst
mich nicht du kriegst mich doch der Uhrenkasten
ist zu klein dann komm mach
dich breit in gefräßiger Stille

geh jetzt

das Ticken ist so laut so langsam
die Stunden schmerzend
am Abend

Die innere Mauer dahinter
die Toten sind ist
freilich hoch aber
einmal zur Nacht als
ein Flügel
Fenster darüber
sich rührte
rannte ich hoch zu
den Gedrückten
kommt
rief ich
lasst uns die Trauer schütteln
so weit wie weit wir Federn ließen
und uns dann wieder betten
bis endlich zum Schlaf
geschlossener Lider

Ich kenne drei Frauen die
haben kürzlich ihre Männer
verloren sie fehlen uns
in allem sagen sie und teilen
ihr Leid ob sie nicht auch manchmal
miteinander gestritten hätten frage ich oder
tagelang geschwiegen oder sich schon
aufgegeben ich meine Ehe ist doch auch schwer

das wiegt nicht mehr

Trauer lügt nicht

Herr Ungemachs Stimme

Kann Trauer trügen

Ja oh ja ruft vom Grab
Herr Ungemachs Stimme
endlich bin ich frei
unendlich frei

Sie hat sich je und je nur
selbst geliebt

Ihre Trauer ist jetzt vorgeschoben
ist Selbstmitleid
Machen Sie sich keine Gedanken
Herr Pfarrer

Mache ich mir doch Herr Ungemach
woher kommt dann die
Trauer Ihrer
Frau

Man bewundert eine Frau wenn
sie Haltung bewahrt

Vor dem Krankenhaus weint ein
Kind warum ich nicht
morgen wird es lachen

November aber ist die Nacht die
am helllichten Tag im
Frühjahr schluchzen wird

Niemand wird es sehen

Meiner Haltung wegen

Halbgeleerte Trauer

Der Winter fiel
über Nacht
aus heiterm Himmel

in halbgeleerter Trauer hängen
die Zweige setzt er sich federnd auf
angefangene Sätze

und putzt sich
seinen Pelz

als sei Grazie
wichtiger als Rede

Trauer aber
ist Rede

Der Tod ist ein

Schwarzer Strom der unser
Leben teilt Du sagst Du seist
zerfallen
in zwei Hälften
warte
du musst mit Deinem Innern
gehn ich verspreche Dir es
wird eine Brücke geben es wird
lange dauern bevor
du den ersten Schritt wagen wirst aber
geh Deine Seele wird
am weißen Geländer tasten Du fragst ob
es halten wird ja vertrau Deinem
Innern bis Du hinüber gehst Du bist
dem den Du liebtest so nah Du wirst es spüren
so fern und doch so nah
in beiden Hälften
Leben

Trauerweiden

Was uns nicht schon wächst
zu der Zeit da
die Kälte hilflos
um sich schlägt
um sich zu wärmen
und doch nur Flocken fallen
vom Kragen Gefrorenes
als Eingenetztes unserer Augen

zu dieser Zeit der Trauer
da die Weiden treiben
unverfroren im Wort:

zuletzt geht das Ende
im Anfang
auf

von der sechsten Stunde ...

Mt 27,45

Im Pflegeheim

Die Demenz schnürt
den Gang vom Besuch
ist keine Spur

Erd Kruzifix
schlag aus

kein neuer Himmel ist da

verkünde nichts Falsches

: Vom Himmel, der kommt, ist
die Liebe, die ist

Herr H. sackt in seinen Krücken ein

das Kreuz ist hellwach

Du hast über Dich gelebt für
jeden das Wort gesucht noch
jetzt finden sich überall Spuren voll
Herz Du konntest nicht alles tragen Du
hast geteilt gelitten weißt Du noch als Du die
Zwillinge beerdigt hast und all die andern wie lange hast Du
immer wieder nach dem richtigen Wort gesucht manchmal bist
du darüber nachts auf dem Teppich eingeschlafen hast noch
verändert sie haben es gespürt so viele schliefen in Deinen
Gedanken Warum Du hast über
dich gelebt der Schmerz aber
ging
unter

deine

Haut

Gethsemane November

Ein schwarzer Kelch
ist Gethsemane
schlürft in
uns bis unten
aus
November

die Kinder liegen
in Scherben die
Eckbank leer

die Welt ist
Tatsächlich

der Weg nach
Golgatha ist
keiner bis
oben
an
von uns
getragen

Astern sind die Wimpern des Herbstes – Du klingst müde heut – ich habe meine Lunge gesehen das also bin ich sie werden mich an beiden Seiten aufschneiden es wird keinen Sommer mehr geben wie vorher und für den Kopf bekomm ich zur Bestrahlung eine Maske – du wirst alleine sein - eine halbe Stunde werde ich festgeschraubt der Kopf wird schwellen – jetzt weißt du warum wir geweint haben – erst jetzt sehe ich den Weg vor mir - die Schwalben sind da – sie fliegen davon was ich noch alles machen will – nimm deine Astern – oh ja des Oktobers Farbe meine Rosen im Herbst - lass die Blüten auf dich fallen – wenigstens leicht für eine Nacht – und schlafe für den weiten Weg vor dir

Unendliche Umarmung

Ihr werdet trotzdem heiraten, nächsten Sommer, hört Ihr, und sagt dem Höhenhotel zu, es wird ein Fest, es passt, wie Du es Dir gewünscht, deine Schwester wird mit ihrem Wagen durch die Türen fahren, wir leben darauf zu, wir können tanzen, Ihr beide werdet tanzen wie an Eurem ersten Tag, siehst Du, wie Deine Augen jetzt leuchten, es wird, Ihr geht Schritt um Schritt, in den Herbst hinein, die Eingriffe sind gelungen, der nächste kann kommen, die Ärztin war so voller Hoffnung, wir schaffen es, hast Du gehört, sie sagte wir, so seid Ihr in die Wintertage gegangen, Du hast es erzählt: Ich habe die Sonne im Montafon gesehen, in Licht und Schnee, und bei dir den Gottesdienst erlebt, es wird, aber es tut grad so weh, die Reha wird im Jenner sein, es tut so weh, ich konnte niemanden mehr sehen, verzeih, aber es war gut so, die Heilige Nacht ist doch eine Heilige Nacht, ich war seit Langem wieder schmerzfrei, es geht nicht mehr, der Arzt war eben da, seit einer Stunde weiß ich es, es gibt keine Heilung mehr, keine Hoffnung sagtest Du – hier für die Tage der Erde – aber die Hoffnung sie hat uns getragen, mein B., wir alle, uns die tiefste Zeit unseres Lebens beschert.

Lass uns jetzt Sterben gehen. Unendliche Umarmung.

Das Weizenkorn

Das Leid stirbt
ins
Leben
ist Golgatha
uns
Werden

Intensivstation Johannes

Von der Höhe steigt
Finsternis neigt sich
ans Fenster
dort
zum Sims der Topf
mit Erde ihm
gelassen

kalkweiß senkt sich die
Decke ins
Eingeweide fallen
die Kammern

es ist wieder um
zum Keim
die neue Stunde

Leinentücher

Lk 24,12

Kloster Bebenhausen Kreuzgang

Nun bin ich dir doch
noch ins Herz
gelaufen

ich weiß
ich muss mit den
Mönchen gehn

schrittweis bis
an jedes Ende
in uns

staunend
vor Anfang

Zum Leben zurück

Denk es
überall
wo nicht wäre Auferstehung
zum Leben zurück
um wirklich zu werden
oh Seele
in Dir *zu wurzeln und zu wachsen*

Osten

Hinter meinem Haus
hab ich jetzt einen Hang
an Apfelbäumen
sie werden blühn
dann werden die Mönche wieder verstehen
aufzubrechen
und sie werden sich sammeln im Chor
um dort zu schauen
wie im Spitz des Fensters
die Blätter
steinern platzen

durch Osten her
zum Leben hin

Warum gibt Gott das Licht dem Mühseligen

Hiob 3,20

Hartz IV

Die Dinge sind klar
entschieden zur Kälte
und die Sterne der Nacht
stehen zuhaus
wie Winter sich fühlt
über Bethlehem
so bleibet denn
bestimmt uns das Licht
sagen die Hirten
wer aber wärmet wen
zweifle ich unser Leben
meine Liebe
von wegen Zukunft
ganz zu schweigen

Schlehenblüten

Denn diese
dumme Gans von Frühling
sitzt
im Knorrgeäst
sich fett und
brütet als
wäre nichts
nur mir
zu wünschen übrig
erlöst zu sein
und einmal auch
von Hoffnung

Requiem November

November Du
Trostloser
unter den Monaten
warum ist Dir aber das Licht
wie mild und sonst
nicht gegeben wie sanft vom
Mund zum
Requiem
gesungen

... in

meiner Hoffnung

Ps 119,116

Magersucht in R.

Ungenährt überdauert
sie der Freude
entwöhnt
den Tag

Die Nacht
Ist Heidi

Claras Sehn
sucht

Zum Schlaf

Natürlich halt ich still ich
liebes Kind
und denke
bis vom Bettrand aus
ich träume
gefaltet eine Stimme
mir bis
summend sanft zum Schlaf

Ein Jugendlicher träumt

Als die Pause ich ergriff, die Chance, mit meiner
Gitarre mutig und Carmen auch, als sie sich drehte,
im Rausch von Flamenco, da über die Saiten
ich schlug, hitzig, zum wild wilder das
Tempo, im Barre´dabei die Finger über das
Griffbrett nur so fegten, bis beim Glissando wir
hautnass ineinander fielen, da brach Jubel aus, nach
mehr, lang tönender Applaus, denn keiner hätte so
Großes von mir gedacht
träumte ich,
eine Busfahrt lang,
so weit,
nicht gut,
wünschte ich
Dich
nah.

Horizont beim Weizen

Hat nicht ein jeder seinen
Horizont über den er
gerne hinweg dächte wie dort
beim Kamm von Adelegg ich schaue
bis darüber ich
käme wo
hin ich wirklich wenn nicht
die Karte spräche ist
nichts dahinter
nichts weiter dort
denn Bayern

Mein Traum

Das alte Schäferhaus in
meinem Kindheitstal
mein Traum
ich striche es rot frech nicht nur
die Fensterläden Innen aber
bis hoch zum Gebälk wäre alles
ein Raum davor zum Trinkbach hin die
Terrasse mit eisernem Tisch der
Brunnen müsste freilich
wieder kurbeln oder -
lieber nicht
vielleicht
man könnt ja
plötzlich fürcht ich fertig
sein hätt zu
träumen nichts
dann
mehr

Das Kind aber singt bis zum Geburtstag
bis zum Morgen wenn
es erwacht

Tante Teck

Was bewegt sich schon
sagt Tante Teck auf meinen Brüsten
drückt die Karawane stehender Kamele

Sibylle hat ihre Söhne
verlassen ungeratenes Volk sie
haben sich gegenseitig erschlagen Kain
ist ein Dreck dagegen

begraben habe ich sie
meine Neffen und Schlimmeres noch unter
meinem Schoß vom Tal erst
kürzlicher Tage

nichts wird besser
blick ich hinab

warum wandert dann die
Karawane

13. September 2001

Im Winterland lichtkahl
wächst Grün da
zwischen die Stoppeln
nur zwischen fühlt es sich wohl
und wärmt
kein Immergrün
kein Wunder
wäre Hoffnung sonst grün

Auferstehung der Welt

Ich war der Neffe, an den ich schrieb, vor dreißig Jahren, weißt Du noch, in der großen wirklich berechtigten Sorge, es könnten keine Blumenwiesen mehr wachsen, bald, dann könnten die Kleinen keine Schlüsselblumen für die Mutter zum Muttertag mehr pflücken und wir nicht für unsere erste Verliebtheit, Blumen, auch wenn wir sie nicht beim Namen nennen konnten, vielleicht noch Salbei, Rittersporn und Margeriten, würden alle bald verschwunden sein, so schrieb ich an Mörike, nichts zu machen, sagte er,
Eine alte Mähre ist das Land
Trabt blind wie müde
Niemand
Löscht den Brand
Der lodert
Hinterm Berg und in der Mühle
Ist Rettung nicht zu leben
Bis ich all das vergaß, kommt es jetzt wieder, da sie das abschalten, was wir immer erhofft, während auch die Wiesen wieder blühen, denk ich jetzt, weißt Du, unglaublich, dass wir noch zu retten sind.

X/2011

Gottesnacht

Die Heilige von Kalkutta
hat einst Deine Stimme
gehört zu gehn in die Slums aber
dann warst Du aus jahrzehntelang hat
sie wieder und wieder auf Deine Stimme
gehorcht umsonst

Warten ist aber auch Nacht

So klopftest Du einst am Morgen als Bräutigam
winktest am Fenster um in
den Schacht zu gehen und
kehrtest nicht zurück

Du warst in Wasser und Eisen gelegt
so fand man Dich nach fünfzig Jahren
unverändert zog
man Dich ans Licht

Am Krückstock erkennt sie Dich wieder

Er ist wieder da ruft sie
unter Tränen er war die ganze Zeit da

und ich habe es nicht gemerkt
nun kommt zur Hochzeit
füllt jetzt das Licht bis oben an
noch mehr für die Ärmsten der Armen
zum Leben
Er war ja immer da

Jakob

Verschlagener Du
ließest nicht locker
als die Nacht Dich würgte
der Morgen dampfte
vom Kampf
Gott aber war überwältigt
Du strahlst Jakob
Du schlürfst
an der Furt
beglänzt die Sonne
dein Errungenes Lächeln
und staunt
nicht die Spur eines hinkenden Segens
ziehst Du uns entgegen nach

… die größte

unter ihnen

1 Kor 13,13

Die haben im Krankenhaus gesagt, man könne nichts mehr für ihn tun, stellen Sie sich das mal vor, Herr Pfarrer, und haben mich heimgeschickt, wenn Sie nichts mehr tun können, habe ich gesagt, ich schon und habe ihn mitgenommen, ich weiß, welche Suppe er mag, ich habe mit seinen Augen gesprochen, auf unsre Weise uns geliebt, gestreichelt, ich habe für ihn geweint und für uns beide, dass Dank so sanft sein kann, ich hätte es nicht gedacht, es stimmt, so wie Sie es gesagt haben, einmal musste ich auch deshalb lächeln – wie sagen Sie – stiftet die Liebe den Himmel

Nicht Ohne

Dort im Lealand wo
die Liebe dauert bis
sie kommt zwei
Durststrecken lang wird
die Geduld wohnbar sagt
Jakob da mit Fleiß ich ackere
und mir die Zukunft wässrig denke mit
Milch beträufelt und mit Honig glänzende
Augen Rahel Einzige mit Dir
zu warten
zu wandern nach Kanaan
nicht Jakob doch –
nicht ohne meine Schwester

I

Meine Wut ist eine
Zwiebelhaube
bläht sich auf
ich könnte platzen
doch halt ich an mich
meine Haut zu schonen
Deine
und steige atemlos
in Rollen streitend
hinauf hinab
kein Ausgang bricht sich
nicht ein Fenster
welche Aussicht welche
so dunkel ists
düster so
legen quer sich die Falten
indes im Turm sich
bissig knotet
um mich
die Wendeltrepp

II

Wer lässt jetzt sein Haar
herunter
gibt auf
nicht sich
um was zu knüpfen –
ein Frieden ist´s
und langsam seine Nähe

Orpheus Mnemosyne

Den Zopf
in der Hand
müßig wer
hat wen geschnitten
steig ich
die weiße
Zypresse
hinab

Die Haare geben wieder nur
die alte Leier her

Wart ich drüben
am See
zu trinken

Liebe ist aber
Gedächtnis

Heimkehr

Für Susanne

Selbst die kleinen
Beschädigungen meines
Lebens beschäftigen mich sehr

Mein See
weißt Du
schwappt schnell über
zuweilen kreist um
Einwürfe nur lautlos
das Wasser

Eine Wunde aber ist der Trug
sich darin zu wiegen
es würde einmal still
die Fläche Leben einmal sanft

Wir leben übrig hier

Doch solange wir auf
unserem Sofa
älter werden
können wir uns Hand

in Hand erzählen
hörst Du
vom Übrigen uns ungetrübt
hier legen

Des Himmels Hang aber
ist Neigung

Apfelbäume

Kinder seid Ihr werft
von euren Hochsitzen was
Ihr wollt möglichst
verstreut

Eure Väter und Mütter bücken sich ja
denkt Ihr
sammeln auf

macht das Sinn

bei den Alten den
Dementen tut
Ihrs doch auch

Des Himmels Hang aber
ist Neigung

Kein Himmel kann vor
den Wolken sein

sterbende Lippen

seit Stunden tunkt er
ihr Tuch in
netzender Liebe

im Wind
kniet der Himmel

bietet dem Boden sein Haupt

Blütenballett

Der alte Krückstock
von Winter
schaut dem Tanz der Blütenbälle
nach und
knurrt
bis Prima Ballerina sich
zu tollkühn gar ans Ende wagt
hat voll Sorgen er
vergessen
wie er war

... unter Zyperblumen die Nacht verbringen

Hoheslied 7,12.14a

Lasst uns unter Bäume gehn uns
lieben am Stamm in den Ästen im
Wind oder weit am Sand
von den Stimmen der Toten geschickt
feiert denn das Leben ist Geschenk
zu spüren
zu tasten
ganz im Rausch Euch zu vergessen
bis Ihr wieder kehrt zu uns
damit wir tragen die Trauer auch
geschickt zu allen
Gefühlen der
Welt

In der Kuhle Deiner Hand
die Weidenkätzchen
zusammengerollt und
aneinander geschmiegt
ist´s zuhause heut
geschmust wie geschnurrt

... Ruhe

Hebr 4,9

Haus am Hang

Der Hang von drüben
streift unsern Sims

meine Finger spüren
zur Nacht die
Narbe deiner Haut

zum Morgen
erhebt uns
der Tag

zum Morgen
schauen wir über
die Erde
hinweg

wir schütteln die Betten

noch lieben wir
hier

Ebbe

Im Sand kräuseln die Finger

satt von Gesprächen an
Begegnungen vom Jahr

Urlaub
dauert

der Eidechse Achse zu finden

zur Düne döst flach
mein Kopf

bis endlich Ebbe ist nur
Rauschen
in mir

Der Apostel sitzt
am Uferstein ich
lass ihn gehn
mich treiben im
Packeis den Fluss hinab
das Flussweib holt mich zum Grund
wo wir uns balgen in
Schlamm und Wärme
hinkend steig ich ans Land
und lächle
Apostel
Du sitzt noch da
indes ich Du
den Ausgleich suchte

In hängenden Gärten
räkeln
zwischen dem Lichtgelb der Forsythien
bis unter die Haut erhitzt
die Bäume sich
wozu auch
jetzt die Gartenhäuschen blinzeln
mit nichts als
ganz bei sich daheim
in aufgeräumter Stimmung
eben.

... die Seele

Hiob 12,10

An Dorothea Grünzweig

Deine Bilder
zeigen ins Weite
des Innern
offene Strecken

so ist
wäre Welt

wie Verdrängende
wir dagegen sind

unsere Gespräche hängen herab
hängen uns vor
enthalten

Stoffe

wenn wir uns dahinter
setzten

wie könnten wir staunen
uns schrecken

Altweiber

Ist bunter im Ahorn
der Herbst und gönnt uns
noch einmal zu reiten
durch Weiler wo
nicht die Hunde rasseln
sagt Heinrich
die Banden sinds
sonders die brechen

Drunten im Klostergarten an
der Efeumauer liegt
meine Seele der
Kirchturm hört zu
wie sie erzählt
vom Buben
der mit der Geige unterm Kinn auf
Rollschuhen durchs abgeschlossene Zimmer spielte oder
vom Kugelbaum wo ich mich versteckte als
der Kett-Car eine Laufmasche bei der Tante zog
oder vom Papa der zum Heiligen Abend Bruder
Jesus unter drei Messerstichen starb oder
vom See des Gedächtnisses hörst Du Liebste wo wir
uns vom Übrigen legen
so erzählt
meine Seele
mein Gedicht

es hütet aber
der Turm

Danach nahm er Abschied

Apg 18,18

Jeder hat ein letztes Wort

Was ich am helllichten Tag nicht
alles rede vom Wesentlichen der Welt bis
zuweilen ich zu oft geredet mich selbst nicht
mehr hören kann frag ich
wie jetzt im Heim wenn ich
weniger werde wie er vor
mir mit einem letzten Wort das
wir nicht verstehen
welches wird in
der abschiedlich entfernten Stille bevor
meine Liebsten das Habselige von mir
in einer Tüte
nach Hause tragen werden welches
wird

mein
letztes sein

Hans im Glück

Bist Glück
ganz
Hans
da bei jedem Tausch
Du freudig hältst den
Spatzen auch in
Deiner Hand
so wär auch ich ballastlos
leicht vom Klumpen nachhängender
Tage und
abschiedlich gerne
Hans
wie Du im
Taubenfriedensland

Bahndamm Herbst

Am Bahndamm
Herbst herrscht Hochbetrieb
die Tücher winken
Liebstes
was ich hatte
Du gehst
So gelb so rot so bunt
Frag ich Dich kann es
Dort so fröhlich sein
Ja sagst Du und wir so traurig

Euch fällt
im Bunt zu sein

aber dieser Wind
ist Euer Judas
oder habt auch ihr euch abgesprochen

der Himmel ist ein Boden

aufgespannt mit Robert
treibt ihr fernwärts
zum Tanz

um die Ohren hier
zaust der Wind bleibt
uns nichts denn
Wehen

... auf das,

was man hofft.

Hebr 11,1

Gebet

Ist
Mein Gedicht um
sichtig sich bettet mir
ein bis nichts als nur
selbst mich zu riechen so
wär ich daheim wenn
nicht zu übrig mein Gott
Und nimm Dein
Küchlein
Ein

Inhalt

MIX
Papier aus verantwortungsvollen Quellen
Paper from responsible sources
FSC® C105338

Printed by Books on Demand GmbH, Norderstedt / Germany